DIESES BUCH GEHÖRT:

—————————————————

MO

Datum:

DI

Datum:

MI

Datum:

DO

Datum:

FR

Datum:

SA

Datum:

SO

Datum:

AUFGABEN

- ☐ ....
- ☐ ....
- ☐ ....
- ☐ ....
- ☐ ....
- ☐ ....
- ☐ ....
- ☐ ....
- ☐ ....
- ☐ ....
- ☐ ....
- ☐ ....

3

MO

Datum:

DI

Datum:

MI

Datum:

DO

Datum:

FR

Datum:

SA

Datum:

SO

Datum:

AUFGABEN

- ☐ ....
- ☐ ....
- ☐ ....
- ☐ ....
- ☐ ....
- ☐ ....
- ☐ ....
- ☐ ....
- ☐ ....
- ☐ ....
- ☐ ....
- ☐ ....

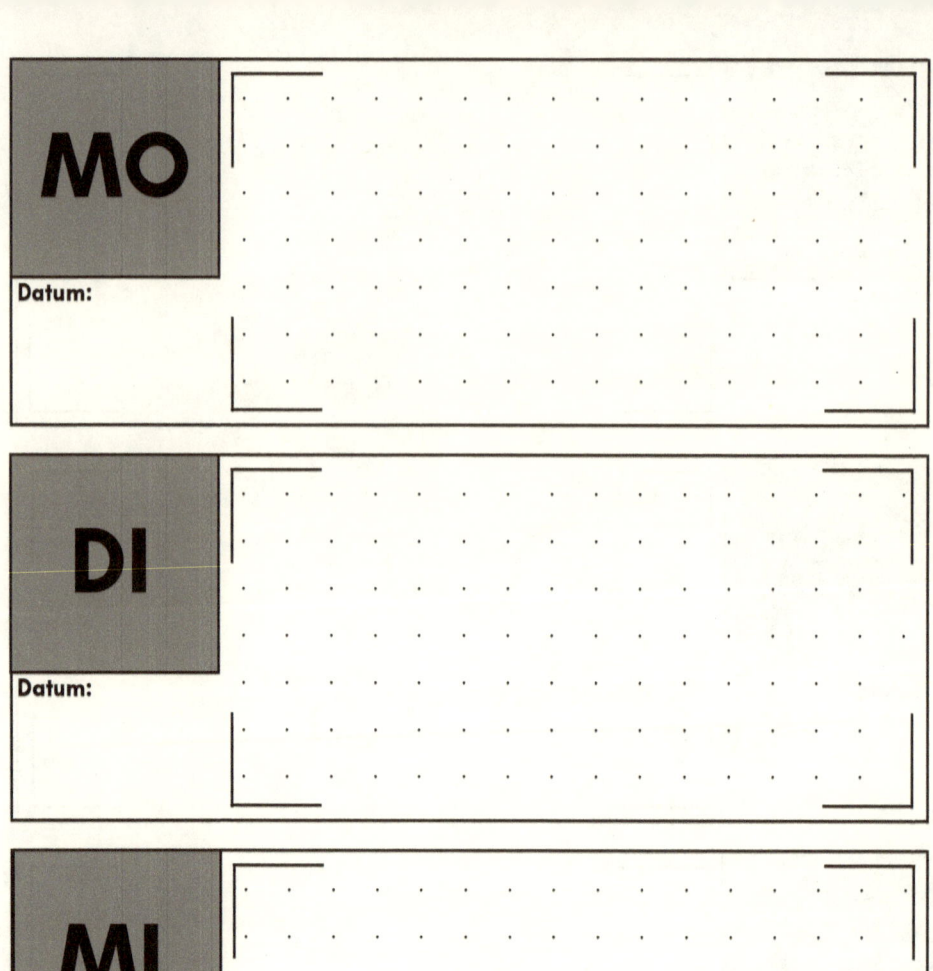

MO
Datum:

DI
Datum:

MI
Datum:

DO
Datum:

FR

Datum:

SA

Datum:

SO

Datum:

AUFGABEN

☐ ....
☐ ....
☐ ....
☐ ....
☐ ....
☐ ....

☐ ....
☐ ....
☐ ....
☐ ....
☐ ....
☐ ....

MO

Datum:

DI

Datum:

MI

Datum:

DO

Datum:

FR

Datum:

SA

Datum:

SO

Datum:

AUFGABEN

- [ ] ....
- [ ] ....
- [ ] ....
- [ ] ....
- [ ] ....
- [ ] ....
- [ ] ....
- [ ] ....
- [ ] ....
- [ ] ....
- [ ] ....
- [ ] ....

MO

Datum:

DI

Datum:

MI

Datum:

DO

Datum:

FR

Datum:

SA

Datum:

SO

Datum:

AUFGABEN

- ☐ ....
- ☐ ....
- ☐ ....
- ☐ ....
- ☐ ....
- ☐ ....

- ☐ ....
- ☐ ....
- ☐ ....
- ☐ ....
- ☐ ....
- ☐ ....

MO

Datum:

DI

Datum:

MI

Datum:

DO

Datum:

FR

Datum:

SA

Datum:

SO

Datum:

AUFGABEN

☐ .... ☐ ....
☐ .... ☐ ....
☐ .... ☐ ....
☐ .... ☐ ....
☐ .... ☐ ....
☐ .... ☐ ....

MO

Datum:

DI

Datum:

MI

Datum:

DO

Datum:

FR

Datum:

SA

Datum:

SO

Datum:

AUFGABEN

☐ .... ☐ ....
☐ .... ☐ ....
☐ .... ☐ ....
☐ .... ☐ ....
☐ .... ☐ ....
☐ .... ☐ ....

MO

Datum:

DI

Datum:

MI

Datum:

DO

Datum:

FR

Datum:

SA

Datum:

SO

Datum:

AUFGABEN

- ☐ ....
- ☐ ....
- ☐ ....
- ☐ ....
- ☐ ....
- ☐ ....

- ☐ ....
- ☐ ....
- ☐ ....
- ☐ ....
- ☐ ....
- ☐ ....

MO

Datum:

DI

Datum:

MI

Datum:

DO

Datum:

FR

Datum:

SA

Datum:

SO

Datum:

AUFGABEN

- [ ] ....
- [ ] ....
- [ ] ....
- [ ] ....
- [ ] ....
- [ ] ....

- [ ] ....
- [ ] ....
- [ ] ....
- [ ] ....
- [ ] ....
- [ ] ....

MO

Datum:

DI

Datum:

MI

Datum:

DO

Datum:

FR

Datum:

SA

Datum:

SO

Datum:

AUFGABEN

- ☐ ....
- ☐ ....
- ☐ ....
- ☐ ....
- ☐ ....
- ☐ ....
- ☐ ....
- ☐ ....
- ☐ ....
- ☐ ....
- ☐ ....
- ☐ ....

MO

Datum:

DI

Datum:

MI

Datum:

DO

Datum:

FR

Datum:

SA

Datum:

SO

Datum:

AUFGABEN

- ☐ ....
- ☐ ....
- ☐ ....
- ☐ ....
- ☐ ....
- ☐ ....
- ☐ ....
- ☐ ....
- ☐ ....
- ☐ ....
- ☐ ....
- ☐ ....

MO

Datum:

DI

Datum:

MI

Datum:

DO

Datum:

FR

Datum:

SA

Datum:

SO

Datum:

AUFGABEN

- ☐ ....
- ☐ ....
- ☐ ....
- ☐ ....
- ☐ ....
- ☐ ....
- ☐ ....
- ☐ ....
- ☐ ....
- ☐ ....
- ☐ ....
- ☐ ....

MO

Datum:

DI

Datum:

MI

Datum:

DO

Datum:

FR

Datum:

SA

Datum:

SO

Datum:

AUFGABEN

☐ .... ☐ ....
☐ .... ☐ ....
☐ .... ☐ ....
☐ .... ☐ ....
☐ .... ☐ ....
☐ .... ☐ ....

MO

Datum:

DI

Datum:

MI

Datum:

DO

Datum:

FR

Datum:

SA

Datum:

SO

Datum:

AUFGABEN

- ☐ ....
- ☐ ....
- ☐ ....
- ☐ ....
- ☐ ....
- ☐ ....
- ☐ ....
- ☐ ....
- ☐ ....
- ☐ ....
- ☐ ....
- ☐ ....

MO

Datum:

DI

Datum:

MI

Datum:

DO

Datum:

FR

Datum:

SA

Datum:

SO

Datum:

AUFGABEN

- ☐ ....
- ☐ ....
- ☐ ....
- ☐ ....
- ☐ ....
- ☐ ....
- ☐ ....
- ☐ ....
- ☐ ....
- ☐ ....
- ☐ ....
- ☐ ....

MO

Datum:

DI

Datum:

MI

Datum:

DO

Datum:

FR

Datum:

SA

Datum:

SO

Datum:

AUFGABEN

- ☐ ....
- ☐ ....
- ☐ ....
- ☐ ....
- ☐ ....
- ☐ ....
- ☐ ....
- ☐ ....
- ☐ ....
- ☐ ....
- ☐ ....
- ☐ ....

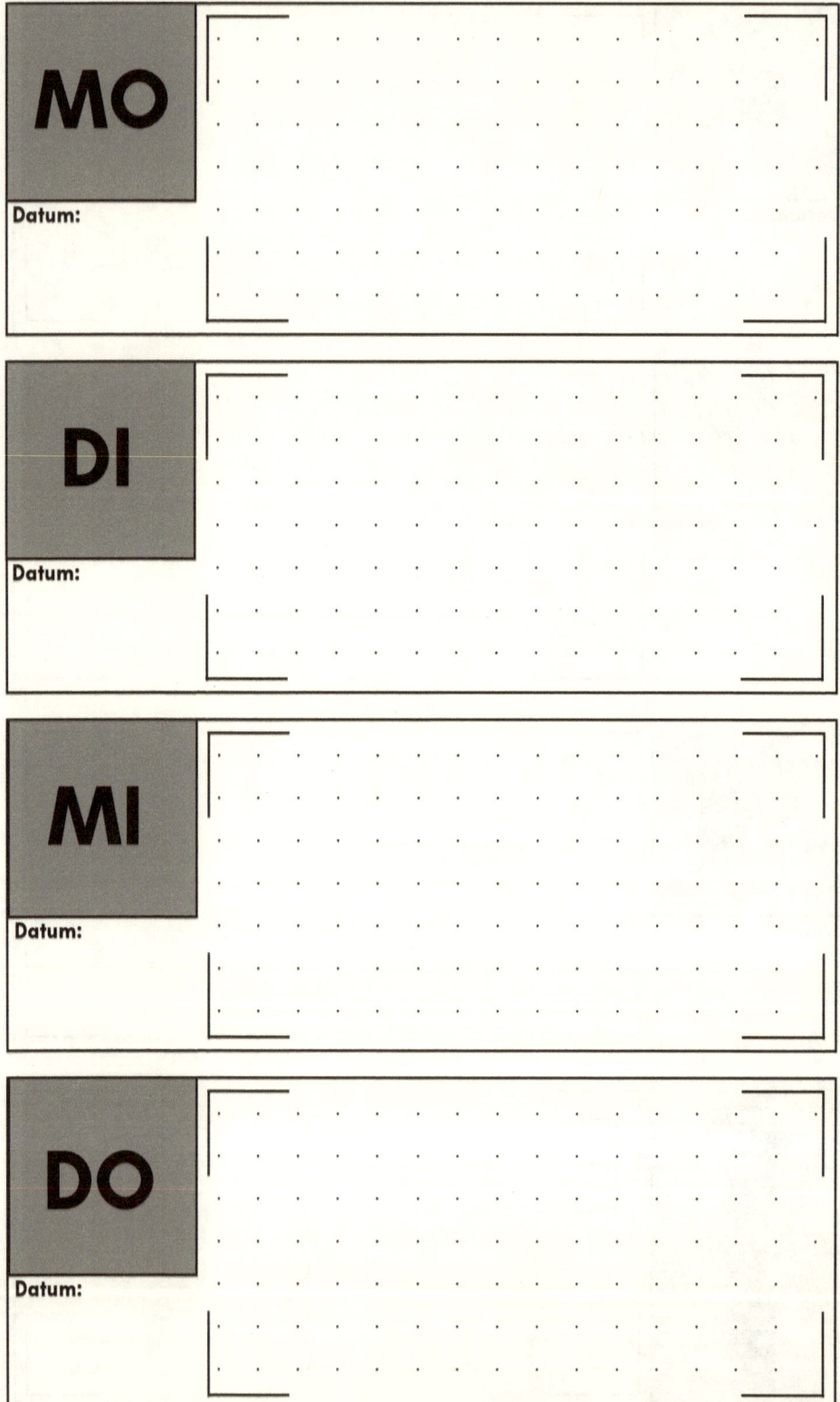

MO

Datum:

DI

Datum:

MI

Datum:

DO

Datum:

FR

Datum:

SA

Datum:

SO

Datum:

AUFGABEN

☐ ....
☐ ....
☐ ....
☐ ....
☐ ....
☐ ....

☐ ....
☐ ....
☐ ....
☐ ....
☐ ....
☐ ....

MO

Datum:

DI

Datum:

MI

Datum:

DO

Datum:

FR

Datum:

SA

Datum:

SO

Datum:

AUFGABEN

☐ ....   ☐ ....
☐ ....   ☐ ....
☐ ....   ☐ ....
☐ ....   ☐ ....
☐ ....   ☐ ....
☐ ....   ☐ ....

MO

Datum:

DI

Datum:

MI

Datum:

DO

Datum:

FR

Datum:

SA

Datum:

SO

Datum:

AUFGABEN

- ☐ ....
- ☐ ....
- ☐ ....
- ☐ ....
- ☐ ....
- ☐ ....
- ☐ ....
- ☐ ....
- ☐ ....
- ☐ ....
- ☐ ....
- ☐ ....

MO

Datum:

DI

Datum:

MI

Datum:

DO

Datum:

FR

Datum:

SA

Datum:

SO

Datum:

AUFGABEN

- [ ] ....
- [ ] ....
- [ ] ....
- [ ] ....
- [ ] ....
- [ ] ....
- [ ] ....
- [ ] ....
- [ ] ....
- [ ] ....
- [ ] ....
- [ ] ....

MO

Datum:

DI

Datum:

MI

Datum:

DO

Datum:

FR

Datum:

SA

Datum:

SO

Datum:

AUFGABEN

☐ ....
☐ ....
☐ ....
☐ ....
☐ ....
☐ ....

☐ ....
☐ ....
☐ ....
☐ ....
☐ ....
☐ ....

MO

Datum:

DI

Datum:

MI

Datum:

DO

Datum:

FR

Datum:

SA

Datum:

SO

Datum:

AUFGABEN

- [ ] ....
- [ ] ....
- [ ] ....
- [ ] ....
- [ ] ....
- [ ] ....
- [ ] ....
- [ ] ....
- [ ] ....
- [ ] ....
- [ ] ....
- [ ] ....

MO

Datum:

DI

Datum:

MI

Datum:

DO

Datum:

FR

Datum:

SA

Datum:

SO

Datum:

AUFGABEN

- [ ] ....
- [ ] ....
- [ ] ....
- [ ] ....
- [ ] ....
- [ ] ....
- [ ] ....
- [ ] ....
- [ ] ....
- [ ] ....
- [ ] ....
- [ ] ....

MO

Datum:

DI

Datum:

MI

Datum:

DO

Datum:

FR

Datum:

SA

Datum:

SO

Datum:

AUFGABEN

- [ ] ....
- [ ] ....
- [ ] ....
- [ ] ....
- [ ] ....
- [ ] ....
- [ ] ....
- [ ] ....
- [ ] ....
- [ ] ....
- [ ] ....
- [ ] ....

MO

Datum:

DI

Datum:

MI

Datum:

DO

Datum:

FR

Datum:

SA

Datum:

SO

Datum:

AUFGABEN

- ☐ ....
- ☐ ....
- ☐ ....
- ☐ ....
- ☐ ....
- ☐ ....

- ☐ ....
- ☐ ....
- ☐ ....
- ☐ ....
- ☐ ....
- ☐ ....

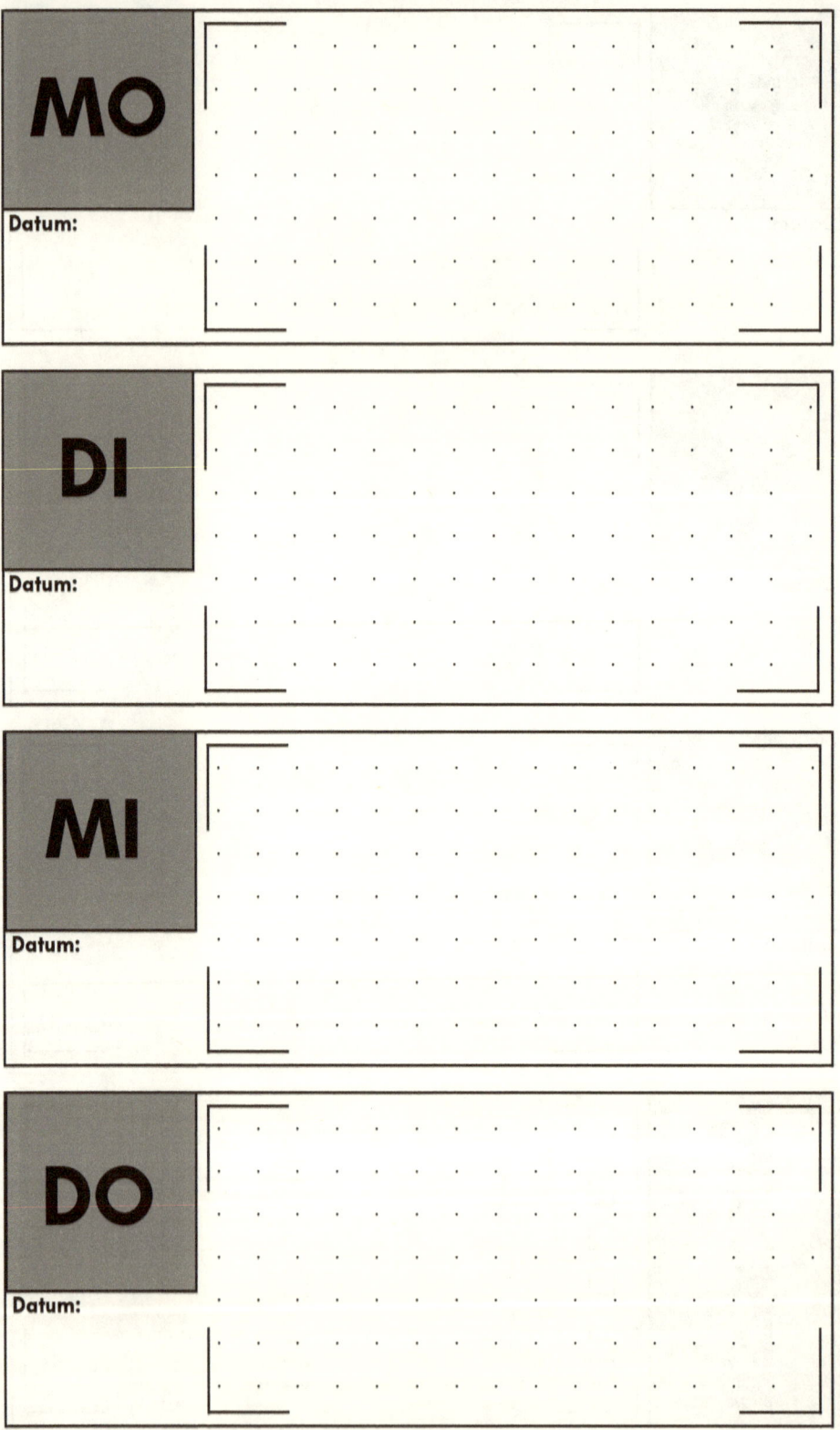

MO

Datum:

DI

Datum:

MI

Datum:

DO

Datum:

FR

Datum:

SA

Datum:

SO

Datum:

AUFGABEN

- ☐ ....
- ☐ ....
- ☐ ....
- ☐ ....
- ☐ ....
- ☐ ....
- ☐ ....
- ☐ ....
- ☐ ....
- ☐ ....
- ☐ ....
- ☐ ....

MO

Datum:

DI

Datum:

MI

Datum:

DO

Datum:

FR

Datum:

SA

Datum:

SO

Datum:

AUFGABEN

- ☐ ....
- ☐ ....
- ☐ ....
- ☐ ....
- ☐ ....
- ☐ ....

- ☐ ....
- ☐ ....
- ☐ ....
- ☐ ....
- ☐ ....
- ☐ ....

MO

Datum:

DI

Datum:

MI

Datum:

DO

Datum:

FR

Datum:

SA

Datum:

SO

Datum:

AUFGABEN

- [ ] ....
- [ ] ....
- [ ] ....
- [ ] ....
- [ ] ....
- [ ] ....
- [ ] ....
- [ ] ....
- [ ] ....
- [ ] ....
- [ ] ....
- [ ] ....

MO

Datum:

DI

Datum:

MI

Datum:

DO

Datum:

FR

Datum:

SA

Datum:

SO

Datum:

AUFGABEN

- [ ] ....
- [ ] ....
- [ ] ....
- [ ] ....
- [ ] ....
- [ ] ....
- [ ] ....
- [ ] ....
- [ ] ....
- [ ] ....
- [ ] ....
- [ ] ....

MO

Datum:

DI

Datum:

MI

Datum:

DO

Datum:

FR

Datum:

SA

Datum:

SO

Datum:

AUFGABEN

- ☐ ....
- ☐ ....
- ☐ ....
- ☐ ....
- ☐ ....
- ☐ ....

- ☐ ....
- ☐ ....
- ☐ ....
- ☐ ....
- ☐ ....
- ☐ ....

MO

Datum:

DI

Datum:

MI

Datum:

DO

Datum:

FR

Datum:

SA

Datum:

SO

Datum:

AUFGABEN

- [ ] ....
- [ ] ....
- [ ] ....
- [ ] ....
- [ ] ....
- [ ] ....

- [ ] ....
- [ ] ....
- [ ] ....
- [ ] ....
- [ ] ....
- [ ] ....

MO

Datum:

DI

Datum:

MI

Datum:

DO

Datum:

FR

Datum:

SA

Datum:

SO

Datum:

AUFGABEN

- [ ] ....
- [ ] ....
- [ ] ....
- [ ] ....
- [ ] ....
- [ ] ....

- [ ] ....
- [ ] ....
- [ ] ....
- [ ] ....
- [ ] ....
- [ ] ....

MO

Datum:

DI

Datum:

MI

Datum:

DO

Datum:

FR

Datum:

SA

Datum:

SO

Datum:

AUFGABEN

- ☐ ....
- ☐ ....
- ☐ ....
- ☐ ....
- ☐ ....
- ☐ ....
- ☐ ....
- ☐ ....
- ☐ ....
- ☐ ....
- ☐ ....
- ☐ ....

MO

Datum:

DI

Datum:

MI

Datum:

DO

Datum:

FR

Datum:

SA

Datum:

SO

Datum:

AUFGABEN

☐ ....
☐ ....
☐ ....
☐ ....
☐ ....
☐ ....

☐ ....
☐ ....
☐ ....
☐ ....
☐ ....
☐ ....

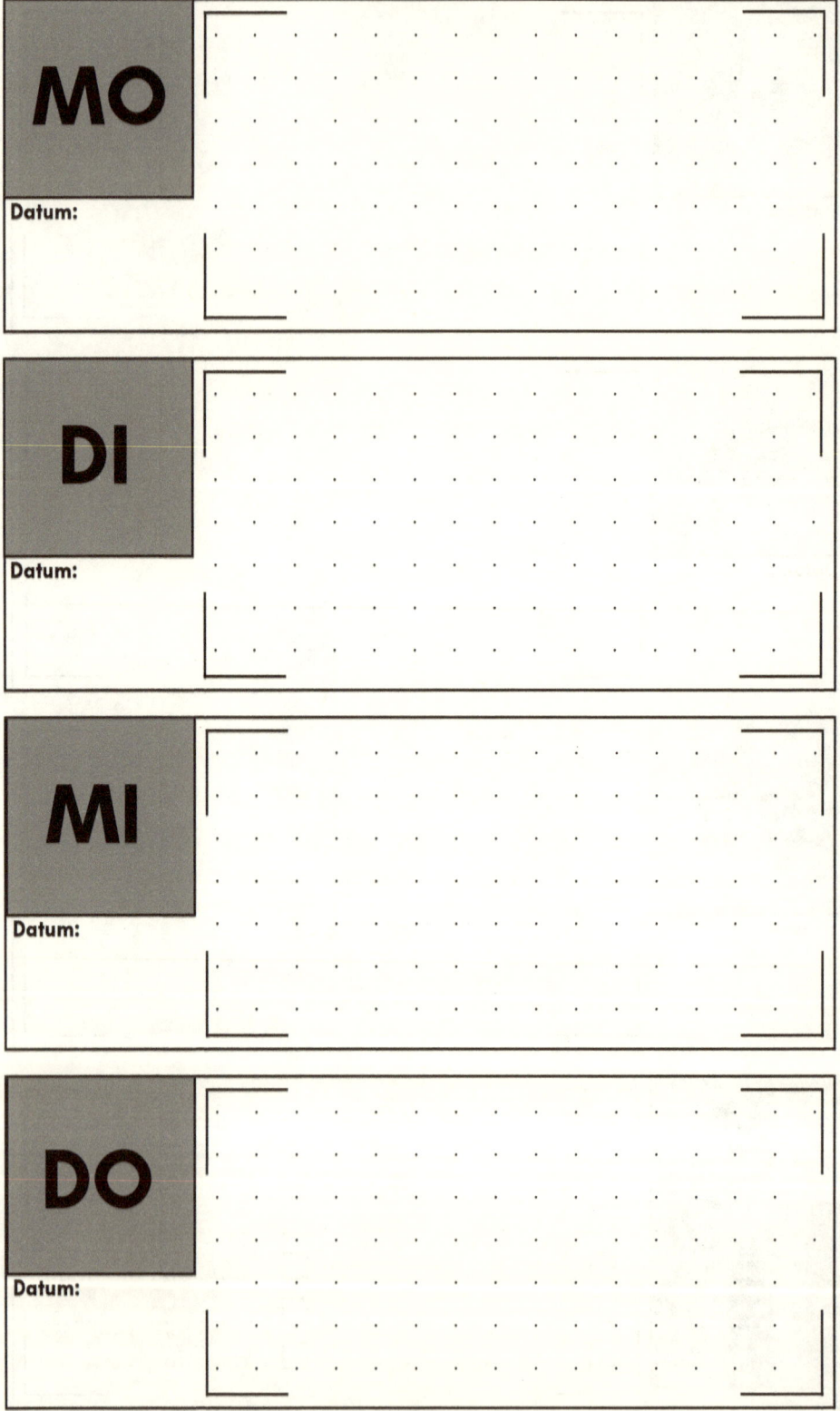

MO

Datum:

DI

Datum:

MI

Datum:

DO

Datum:

FR

Datum:

SA

Datum:

SO

Datum:

AUFGABEN

- ☐ ....
- ☐ ....
- ☐ ....
- ☐ ....
- ☐ ....
- ☐ ....
- ☐ ....
- ☐ ....
- ☐ ....
- ☐ ....
- ☐ ....
- ☐ ....

71

MO

Datum:

DI

Datum:

MI

Datum:

DO

Datum:

FR

Datum:

SA

Datum:

SO

Datum:

AUFGABEN

- ☐ ....
- ☐ ....
- ☐ ....
- ☐ ....
- ☐ ....
- ☐ ....

- ☐ ....
- ☐ ....
- ☐ ....
- ☐ ....
- ☐ ....
- ☐ ....

MO

Datum:

DI

Datum:

MI

Datum:

DO

Datum:

FR

Datum:

SA

Datum:

SO

Datum:

AUFGABEN

- [ ] ....
- [ ] ....
- [ ] ....
- [ ] ....
- [ ] ....
- [ ] ....

- [ ] ....
- [ ] ....
- [ ] ....
- [ ] ....
- [ ] ....
- [ ] ....

MO

Datum:

DI

Datum:

MI

Datum:

DO

Datum:

FR

Datum:

SA

Datum:

SO

Datum:

AUFGABEN

- [ ] ....
- [ ] ....
- [ ] ....
- [ ] ....
- [ ] ....
- [ ] ....

- [ ] ....
- [ ] ....
- [ ] ....
- [ ] ....
- [ ] ....
- [ ] ....

MO

Datum:

DI

Datum:

MI

Datum:

DO

Datum:

FR

Datum:

SA

Datum:

SO

Datum:

AUFGABEN

- [ ] ....
- [ ] ....
- [ ] ....
- [ ] ....
- [ ] ....
- [ ] ....

- [ ] ....
- [ ] ....
- [ ] ....
- [ ] ....
- [ ] ....
- [ ] ....

MO

Datum:

DI

Datum:

MI

Datum:

DO

Datum:

FR

Datum:

SA

Datum:

SO

Datum:

AUFGABEN

- [ ] ....
- [ ] ....
- [ ] ....
- [ ] ....
- [ ] ....
- [ ] ....
- [ ] ....
- [ ] ....
- [ ] ....
- [ ] ....
- [ ] ....
- [ ] ....

MO

Datum:

DI

Datum:

MI

Datum:

DO

Datum:

FR

Datum:

SA

Datum:

SO

Datum:

AUFGABEN

- [ ] ....
- [ ] ....
- [ ] ....
- [ ] ....
- [ ] ....
- [ ] ....

- [ ] ....
- [ ] ....
- [ ] ....
- [ ] ....
- [ ] ....
- [ ] ....

MO

Datum:

DI

Datum:

MI

Datum:

DO

Datum:

FR

Datum:

SA

Datum:

SO

Datum:

AUFGABEN

- ☐ ....
- ☐ ....
- ☐ ....
- ☐ ....
- ☐ ....
- ☐ ....

- ☐ ....
- ☐ ....
- ☐ ....
- ☐ ....
- ☐ ....
- ☐ ....

MO

Datum:

DI

Datum:

MI

Datum:

DO

Datum:

FR

Datum:

SA

Datum:

SO

Datum:

AUFGABEN

- ☐ ....
- ☐ ....
- ☐ ....
- ☐ ....
- ☐ ....
- ☐ ....

- ☐ ....
- ☐ ....
- ☐ ....
- ☐ ....
- ☐ ....
- ☐ ....

MO

Datum:

DI

Datum:

MI

Datum:

DO

Datum:

FR

Datum:

SA

Datum:

SO

Datum:

AUFGABEN

- ☐ ....
- ☐ ....
- ☐ ....
- ☐ ....
- ☐ ....
- ☐ ....
- ☐ ....
- ☐ ....
- ☐ ....
- ☐ ....
- ☐ ....
- ☐ ....

MO

Datum:

DI

Datum:

MI

Datum:

DO

Datum:

FR

Datum:

SA

Datum:

SO

Datum:

AUFGABEN

☐ .... ☐ ....
☐ .... ☐ ....
☐ .... ☐ ....
☐ .... ☐ ....
☐ .... ☐ ....
☐ .... ☐ ....

MO

Datum:

DI

Datum:

MI

Datum:

DO

Datum:

FR

Datum:

SA

Datum:

SO

Datum:

AUFGABEN

- [ ] ....
- [ ] ....
- [ ] ....
- [ ] ....
- [ ] ....
- [ ] ....
- [ ] ....
- [ ] ....
- [ ] ....
- [ ] ....
- [ ] ....
- [ ] ....

MO

Datum:

DI

Datum:

MI

Datum:

DO

Datum:

FR

Datum:

SA

Datum:

SO

Datum:

AUFGABEN

- ☐ ....
- ☐ ....
- ☐ ....
- ☐ ....
- ☐ ....
- ☐ ....

- ☐ ....
- ☐ ....
- ☐ ....
- ☐ ....
- ☐ ....
- ☐ ....

MO

Datum:

DI

Datum:

MI

Datum:

DO

Datum:

FR

Datum:

SA

Datum:

SO

Datum:

AUFGABEN

- [ ] ....
- [ ] ....
- [ ] ....
- [ ] ....
- [ ] ....
- [ ] ....
- [ ] ....
- [ ] ....
- [ ] ....
- [ ] ....
- [ ] ....
- [ ] ....

MO

Datum:

DI

Datum:

MI

Datum:

DO

Datum:

FR

Datum:

SA

Datum:

SO

Datum:

AUFGABEN

☐ ....
☐ ....
☐ ....
☐ ....
☐ ....
☐ ....

☐ ....
☐ ....
☐ ....
☐ ....
☐ ....
☐ ....

MO

Datum:

DI

Datum:

MI

Datum:

DO

Datum:

FR

Datum:

SA

Datum:

SO

Datum:

AUFGABEN

- [ ] ....
- [ ] ....
- [ ] ....
- [ ] ....
- [ ] ....
- [ ] ....

- [ ] ....
- [ ] ....
- [ ] ....
- [ ] ....
- [ ] ....
- [ ] ....

MO

Datum:

DI

Datum:

MI

Datum:

DO

Datum:

FR

Datum:

SA

Datum:

SO

Datum:

AUFGABEN

☐ .... ☐ ....
☐ .... ☐ ....
☐ .... ☐ ....
☐ .... ☐ ....
☐ .... ☐ ....
☐ .... ☐ ....

MO

Datum:

DI

Datum:

MI

Datum:

DO

Datum:

FR

Datum:

SA

Datum:

SO

Datum:

AUFGABEN

☐ ....   ☐ ....
☐ ....   ☐ ....
☐ ....   ☐ ....
☐ ....   ☐ ....
☐ ....   ☐ ....
☐ ....   ☐ ....

MO

Datum:

DI

Datum:

MI

Datum:

DO

Datum:

FR

Datum:

SA

Datum:

SO

Datum:

AUFGABEN

- ☐ ....
- ☐ ....
- ☐ ....
- ☐ ....
- ☐ ....
- ☐ ....

- ☐ ....
- ☐ ....
- ☐ ....
- ☐ ....
- ☐ ....
- ☐ ....

MO

Datum:

DI

Datum:

MI

Datum:

DO

Datum:

FR

Datum:

SA

Datum:

SO

Datum:

AUFGABEN

- ☐ ....
- ☐ ....
- ☐ ....
- ☐ ....
- ☐ ....
- ☐ ....

- ☐ ....
- ☐ ....
- ☐ ....
- ☐ ....
- ☐ ....
- ☐ ....

MO

Datum:

DI

Datum:

MI

Datum:

DO

Datum:

FR

Datum:

SA

Datum:

SO

Datum:

AUFGABEN

- ☐ ....
- ☐ ....
- ☐ ....
- ☐ ....
- ☐ ....
- ☐ ....

- ☐ ....
- ☐ ....
- ☐ ....
- ☐ ....
- ☐ ....
- ☐ ....

MO

Datum:

DI

Datum:

MI

Datum:

DO

Datum:

FR

Datum:

SA

Datum:

SO

Datum:

AUFGABEN

☐ .... ☐ ....
☐ .... ☐ ....
☐ .... ☐ ....
☐ .... ☐ ....
☐ .... ☐ ....
☐ .... ☐ ....

MO

Datum:

DI

Datum:

MI

Datum:

DO

Datum:

FR

Datum:

SA

Datum:

SO

Datum:

AUFGABEN

- ☐ ....
- ☐ ....
- ☐ ....
- ☐ ....
- ☐ ....
- ☐ ....
- ☐ ....
- ☐ ....
- ☐ ....
- ☐ ....
- ☐ ....
- ☐ ....

MO

Datum:

DI

Datum:

MI

Datum:

DO

Datum:

FR

Datum:

SA

Datum:

SO

Datum:

AUFGABEN

- ☐ ....
- ☐ ....
- ☐ ....
- ☐ ....
- ☐ ....
- ☐ ....

- ☐ ....
- ☐ ....
- ☐ ....
- ☐ ....
- ☐ ....
- ☐ ....

Impressum:

Michael Seidou

MJ Seerot

Fichtelbachstraße 18d

86153 Augsburg

www.ingramcontent.com/pod-product-compliance
Lightning Source LLC
Chambersburg PA
CBHW020922180526
45163CB00007B/2844